DESCRÍBETE EN 20 PALABRAS.

ACEPTARNOS CON
NUESTROS DEFECTOS
Y CUALIDADES ES EL PRIMER
PASO PARA APRENDER A
ESTAR CON NOSOTROS
MISMOS.

¿QUÉ TE GUSTA HACER?
¿CUÁLES SON TUS PASIONES?

EXPERIMENTA NUEVAS COSAS,

DESCUBRE QUÉ HABILIDADES TIENES Y

DEDICA TODA TU ENERGÍA A MEJORAR

TODOS LOS DÍAS.

¿EN QUÉ TE GUSTARÍA MEJORAR?

DEDICA TODOS LOS DÍAS UN POCO

DE TIEMPO A ESO QUE TE GUSTA O

QUE QUIERES CAMBIAR, PERO QUE

SIEMPRE DEJAS PARA DESPUÉS.

¿CON QUÉ TIPO DE PERSONAS TE SIENTES MÁS CÓMODO?

HAY QUE SABER IDENTIFICAR

CON QUIÉNES NOS SENTIMOS

CÓMODOS, Y RODEARNOS DE

GENTE QUE NOS HACE SENTIR

BIEN, Y APORTA ALGO A

NUESTRA VIDA.

¿EN QUÉ SITUACIONES O CON QUÉ
PERSONAS TE SIENTES INCÓMODO?

Y TAMBIÉN HAY QUE
IDENTIFICAR CON QUIÉNES
YA NO NOS SENTIMOS BIEN,
Y SABER PONER UN LÍMITE
O ALEJARNOS EN CASO DE
SER NECESARIO.

PIENSA EN ALGO QUE SUELES HACER SOLO POR COMPROMISO.

DI QUE **NO** LA PRÓXIMA VEZ.

SABER DECIR QUE NO ES UNA HABILIDAD QUE

PODEMOS DESARROLLAR POCO A POCO.

SOMOS LIBRES CUANDO NOS NEGAMOS A HACER

ALGO QUE EN REALIDAD NO QUEREMOS.

NINGUNA RELACIÓN DEBE ESTAR CONDICIONADA.

ESCRIBE AQUÍ TODOS TUS PENSAMIENTOS NEGATIVOS.

DESCARGAR EN PAPEL ESOS PENSAMIENTOS
OBSESIVOS QUE NOS PREOCUPAN O QUE NOS HACEN
SENTIR CULPABLES, NOS AYUDA A DARLE ORDEN A
NUESTRAS A IDEAS Y NOS LIBERA POCO A POCO.

¿CUÁLES SON TUS MÁS GRANDES MIEDOS?

¿A QUÉ LE TEMES?

IDENTIFICA QUÉ TE LIMITAS A HACER

SOLO POR MIEDO AL QUÉ PUEDA

PASAR O QUÉ PUEDAN DECIR.

NORMALMENTE SE VE PEOR EN

NUESTRA MENTE.

Clasifica tus miedos en:
REALES E IRREALES.

LOS MIEDOS REALES SON POSITIVOS, NOS
ENSEÑAN A SER CUIDADOSOS.
SOLO PODEMOS APRENDER A GESTIONARLOS Y
VIVIR CON ELLOS.

LOS MIEDOS IRREALES SON CREENCIAS
IRRACIONALES QUE TENEMOS Y SON ESOS LOS
QUE NOS PARALIZAN Y NOS HACEN
DISTORSIONAR LA REALIDAD.

10 COSAS QUE PUEDES HACER CUANDO ESTÉS ABURRIDO.

EL MIEDO A LA SOLEDAD DISMINUYE

CUANDO ESTANDO SOLO NO SE

ACABA TU MUNDO.

DESCUBRE QUÉ COSAS PUEDES

HACER ESTANDO SOLO Y GÓZALAS

IGUAL QUE SI LAS COMPARTIERAS

CON ALGUIÉN MÁS.

¿QUÉ HÁBITOS TE GUSTARÍA CAMBIAR?

EMPIEZA POR EL MÁS PEQUEÑO. HAZ EL MÍNIMO CAMBIO CADA DÍA.

CON PEQUEÑOS PASOS PODEMOS LLEGAR MUY LEJOS.
SI TE PONES METAS INALCANZABLES, ES MUY PROBABLE
QUE TE DESMOTIVES RÁPIDAMENTE.
COMIENZA A CAMBIAR PEQUEÑAS COSAS PARA
MANTENER MOTIVACIÓN CONSTANTE AL VER LOS
RESULTADOS POCO A POCO.

COHERENCIA

¿Lo que dices y lo que haces concuerda?

IDENTIFICIA ALGO QUE HACES QUE
CONTRADICE TU FORMA DE PENSAR.

MUCHAS VECES POR COMPLACER A LOS DEMÁS, POR
PENA O POR COMPROMISO, HACEMOS Y DECIMOS
COSAS QUE NO CONCUERDAN CON LO QUE PENSAMOS.
ROMPE ESE HÁBITO, SIEMPRE DI LO QUE PIENSAS,
HAZ LO QUE QUIERES Y SÉ HONESTO CONTIGO MISMO.
POCO A POCO PUEDES IR SINTIÉNDOTE MÁS CÓMODO
SIENDO TÚ MISMO.

IDENTIFICA QUÉ LÍMITES HAS
PERMITIDO QUE LAS PERSONAS
CERCANAS A TI SOBREPASEN CONTIGO.

¿QUÉ HARÁS PARA CAMBIARLO?

NO PERMITAS QUE ALGUIEN TE TRATE MAL, TE HAGA SENTIR INCÓMODO O TE PIDA HACER COSAS QUE NO TE GUSTAN. SABER PONER LÍMITES EN UNA RELACIÓN, ES ENSEÑARLE A LA OTRA PERSONA CÓMO QUIERES QUE TE TRATEN Y QUÉ COSAS NO VAS A PERMITIR.

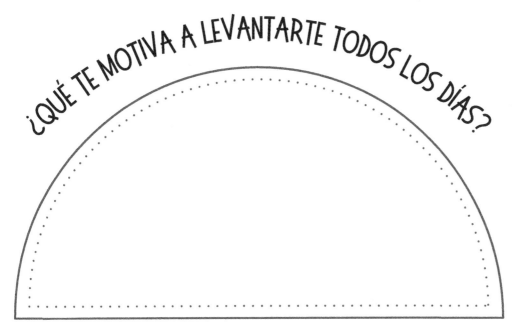

¿QUÉ TE MOTIVA A LEVANTARTE TODOS LOS DÍAS?

SI NO LO SABES, QUIZÁ HAY QUE BUSCAR NUEVAS METAS Y OBJETIVOS.

ESCRIBE AQUÍ TUS IDEAS.

EN OCASIONES VAMOS VIVIENDO EN AUTOMÁTICO,
SIN UN OBJETIVO CLARO, SIN UNA META.
ESTO HACE QUE POCO A POCO NOS
DESMOTIVEMOS O QUE COMENCEMOS A VIVIR
NUESTRAS VIDAS A TRAVÉS DE ALGUIEN MÁS.

¿QUÉ TE HACE FALTA PARA SER MÁS FELIZ?

IDENTIFICA QUÉ NECESITAS DE TI
MISMO, QUÉ ESTÁ DENTRO DE TU
CONTROL, Y QUÉ NO.
SI ESTÁ EN MANOS DE ALGUIEN MÁS
TU FELICIDAD, NO VA POR AHÍ.

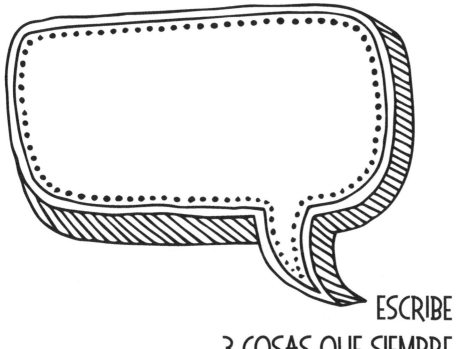

ESCRIBE
3 COSAS QUE SIEMPRE
HAS QUERIDO HACER
Y NO HAS PODIDO.

Encuentra la manera de comenzar al menos una.

A TODOS NOS PASA QUE DEJAMOS TODO PARA DESPUÉS,
BUSCAMOS EXCUSAS O NO ENCONTRAMOS LA MOTIVACIÓN
PARA HACER ALGO.
ESO QUE QUIERES LOGRAR NO SE VA A CONSTRUIR SOLO.
COMIENZA, Y REGISTRA TUS AVANCES.
SIEMPRE AVANZA AUNQUE SEA EL MÍNIMO QUE PUEDAS DAR.

POR LA NOCHE, DESCRIBE TU DÍA

EN UNA SOLA PALABRA.

¡ HAZLO UN HÁBITO !

DETÉNTE UN POCO.

NO VIVAS EN AUTOMÁTICO.

PREGÚNTATE CÓMO VA TODO EN TU VIDA.

VE A UNA LIBRERÍA Y

DEJA QUE UN LIBRO TE ENCUENTRE.

Empieza a leerlo hoy mismo.

DEDICA TIEMPO A DESCUBRIR NUEVAS COSAS QUE

SEAN DE TU INTERÉS.

SI TE CONOCES BIEN TENDRÁS ALGO QUE

APORTARLE A LA PERSONA QUE ESTÉ A TU LADO.

PLANTA UNA SEMILLA Y
COMPROMÉTETE A CUIDARLA.
COMO DECÍA VICTOR HUGO:

"TE DARÁS CUENTA DE CUÁNTAS VIDAS ESTÁ HECHO UN ÁRBOL".

HAY QUE PONER ATENCIÓN A LOS QUE NOS RODEAN.

PUEDES COMENZAR CUIDANDO UNA PLANTA,

PORQUE DE LA MISMA MANERA TENDRÁS QUE CUIDAR

TUS RELACIONES.

BUSCA UNA RECETA.

Algo que nunca hayas cocinado.
PREPÁRALA, Y DISFRÚTALA TÚ SOLO.

EXPERIMENTA Y DESCUBRE COSAS NUEVAS,
SOLO ASÍ LLEGARÁS A CONOCER BIEN LO
QUE TE GUSTA Y LO QUE NO.

BUSCA UNA CAFETERÍA A LA
QUE NO HAYAS IDO ANTES.

PIDE ALGO.

Quédate, disfruta, y observa.

IR EN COMPAÑÍA DE ALGUIEN MÁS A
CUALQUIER LUGAR ES MUY AGRADABLE,
PERO TAMBIÉN ESTANDO SOLOS PODEMOS DISFRUTAR.
NO SIEMPRE HABRÁ ALGUIEN DISPONIBLE
PARA ESTAR CON NOSOTROS.

PRACTICA UN DEPORTE QUE
NO HAYAS HECHO ANTES.

EN UNA DE ESAS, DESCUBRES UNA NUEVA PASIÓN.

Reconócete un logro.
¡Celébralo como tú quieras!

NO SEAS TAN DURO CONTIGO MISMO.

RECONOCE CUALQUIER PEQUEÑO AVANCE QUE LOGRES.

SI ESPERAS A QUE LOS DEMÁS SEAN SIEMPRE LOS QUE TE

RECONOCEN Y FELICITAN,

VAS A DECEPCIONARTE MUCHAS VECES.

Ve a un museo.
APRENDE ALGO NUEVO.

A MUCHAS PERSONAS LES DA PENA O MIEDO
IR A ALGÚN LUGAR PÚBLICO SOLOS.
HAZLO, ROMPERÁS MUCHAS CREENCIAS Y DESCUBRIRÁS
QUE ESTANDO CONTIGO MISMO ES
CON QUIEN TE SIENTES MÁS CÓMODO.

LEVÁNTATE 20 MINUTOS ANTES DE LO USUAL.

Medita y relájate
antes de comenzar tu día.

DETENTE A PENSAR, ANTES DE COMENZAR TU RUTINA,

CÓMO TE SIENTES, QUÉ QUIERES LOGRAR Y QUÉ

ESPERAS DE ESE NUEVO DÍA.

CAMBIA EL ORDEN DE TU RUTINA EL DÍA DE HOY.

CAMBIAR EL ORDEN EN EL QUE HACEMOS LAS
COSAS, NOS PERMITE SER MÁS FLEXIBLES,
ADAPTARNOS A NUEVAS COSAS Y NO SER TAN
RÍGIDOS CON NUESTRAS EXPECTATIVAS.

COMPRA ALGO DE COMER Y ALGO DE TOMAR.

Regálaselo a alguien
que lo necesite.

SALTE UN POCO DE TU MUNDO.

COMPARTE CON ALGUIEN MÁS,

AYUDAR A OTROS SIEMPRE NOS HARÁ

SENTIR BIEN Y NOS ENSEÑA A NO ESPERAR NADA CAMBIO.

LLAMA A ESA PERSONA QUE TIENES

TIEMPO SIN CONTACTAR.

MUCHAS VECES ESTAMOS TAN INMERSOS
EN NUESTROS PROBLEMAS Y PREOCUPACIONES,
QUE SIN DARNOS CUENTA, ALEJAMOS A LAS
PERSONAS QUE MÁS NOS QUIEREN.

Escríbele una carta a
alguien agradeciéndole
algo que hizo por ti.

DESARROLLAR LA GRATITUD NOS HACE SER MÁS POSITIVOS Y

ENCONTRAR RAZONES PARA SEGUIR ADELANTE,

SOBRE TODO CUANDO SENTIMOS QUE TODO VA MAL.

TÓMATE 10 MINUTOS ANTES
DE DORMIR PARA PENSAR
CÓMO ESTUVO TU DÍA.

¿CÓMO TE SENTISTE?

¿HICISTE TODO LO QUE QUERÍAS HACER?

¿QUÉ HARÍAS DISTINTO EL DÍA DE MAÑANA?

NO DES POR HECHO UN DÍA MÁS.

PONTE UN PROPÓSITO PARA ESTA SEMANA.

ES MÁS FÁCIL LOGRAR METAS SI SON A CORTO PLAZO.

COMPROMÉTETE CON ESO QUE QUIERES
LOGRAR Y DA TODO DE TI AL MENOS
POR ESE PEQUEÑO LAPSO.
VERÁS COMO POCO A POCO LA
DETERMINACIÓN Y LA CONSTANCIA,
CAMBIAN TUS HÁBITOS.

ESTE FIN DE SEMANA HAZ ALGO TÚ SOLO.
VE A PASEAR, A COMER,
O SIMPLEMENTE QUÉDATE EN CASA.

NO ESPERES A QUE LOS DEMÁS ESTÉN
DISPONIBLES PARA QUE PUEDAS DISFRUTAR.
APRENDE A ESTAR CONTIGO,
CON TUS PENSAMIENTOS Y EMOCIONES.
SIN COMPLACER A NADIE MÁS, ELIGE QUÉ
TIENES GANAS DE HACER TÚ.

ELIGE UN LIBRO QUE
TE HAYA GUSTADO.
DÉJALO EN UN
LUGAR PÚBLICO
CON UNA NOTA
PARA QUE ALGUIEN
LO ENCUENTRE Y LO
DISFRUTE.

CREA EL HÁBITO DE COMPARTIR

CON LOS DEMÁS LO QUE TE GUSTA.

SAL A CAMINAR A UN PARQUE.

SAL DE TU BURBUJA.

OBSERVA LO QUE TE RODEA.

HAY TODO UN MUNDO ALLÁ AFUERA.

SÉ UN TURISTA EN TU PROPIA CIUDAD
POR UN DÍA ENTERO.

DESARROLLA TU CURIOSIDAD,

CONOCE Y EXPERIMENTA.

MUCHAS VECES LO QUE TENEMOS MÁS CERCA,

ES LO QUE MENOS CONOCEMOS.

(INCLUYENDO A LAS PERSONAS).

APRÉNDETE 10 PALABRAS EN UN IDIOMA QUE DESCONOZCAS.

ESCRÍBELAS AQUÍ.

EXPERIMENTANDO COSAS NUEVAS ES COMO
PODRÁS ALIMENTAR TUS GANAS DE CRECER
Y LOGRAR NUEVOS OBJETIVOS.

DESCONÉCTATE HOY.

ATIENDE EL CELULAR SOLO SI ES UNA EMERGENCIA.

DEJEMOS DE ESTAR TAN ATENTOS

DE QUÉ PASA ALLÁ AFUERA.

Y COMENCEMOS A VER QUÉ PASA AQUÍ ADENTRO.

COMPRA EL PERIÓDICO Y
ENCUENTRA UNA BUENA NOTICIA.

CAMBIA LA PERSPECTIVA.

ESTAMOS ACOSTUMBRADOS A

VERLE EL LADO NEGATIVO A TODO.

SIEMPRE HAY ALGO BUENO, SI SABES BUSCAR.

CÚMPLETE UN DESEO A TI MISMO.

DEJEMOS DE COMPLACER A LOS DEMÁS.

PARA QUE PUEDAN TRATARTE

COMO QUIERES, PRIMERO

TIENES QUE TRATARTE BIEN TÚ.

HAZLE UNA CARTA A TU YO DEL FUTURO.
¿QUÉ ESPERAS DE ÉL. ¿QUÉ LE DESEAS?

Guárdala y leela en 5 años.

VISUALÍZATE Y TRABAJA DESDE HOY,
PARA LOGRAR LO QUE QUIERES LOGRAR MAÑANA.

NO PRENDAS LA TELEVISIÒN POR UNA SEMANA.
ELIGE UN LIBRO Y LÉELO EN TU TIEMPO LIBRE.

SI QUIERES OBTENER NUEVOS RESULTADOS,

TENDRÁS QUE HACER COSAS DISTINTAS.

INVITA A COMER A UN FAMILIAR HOY.

NO ESTAMOS ACOSTUMBRADOS A
RECONOCERLE A LA GENTE QUE QUEREMOS,
CUÁNTO APRECIAMOS TENERLES CERCA.
ENCONTREMOS EL TIEMPO DE SER
DETALLISTAS CON NUESTROS SERES QUERIDOS.

AGRADECE POR ALGO BUENO QUE TE SUCEDIÓ HOY.

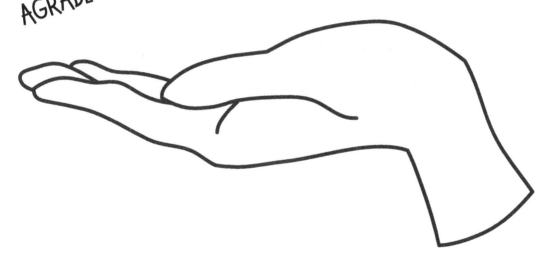

SON LAS PEQUEÑAS COSAS QUE NOS SUCEDEN,

LAS QUE DAMOS POR HECHO TODOS LOS DÍAS.

Pregúntale a alguien si es feliz

NORMALMENTE PREGUNTAMOS:

"¿CÓMO ESTÁS?"

Y CASI TODOS CONTESTAMOS:

"BIEN, GRACIAS".

POCAS VECES NOS DAMOS EL TIEMPO DE

PREGUNTARLE A ALGUIEN EN VERDAD

CÓMO SE ENCUENTRA, Y CÓMO VA SU VIDA.

A ESA PERSONA QUE VES DIARIO,
PERO QUE APENAS CONOCES,
INVÍTALE UN CAFÉ.

PREGÚNTALE ACERCA DE SU FAMILIA, DE SU VIDA...

TODOS LOS DÍAS CONVIVIMOS CON PERSONAS
QUE PRÁCTICAMENTE CONOCEMOS,
PERO NO SABEMOS NADA DE ELLOS.
DÉMONOS EL TIEMPO DE CONOCER NUEVAS PERSONAS Y
SER ATENTOS CON LOS QUE NOS RODEAN.

ENCUENTRA EN UN DICCIONARIO 10 PALABRAS QUE DESCONOCÍAS.

SIEMPRE SIGUE APRENDIENDO.

CUALQUIER LUGAR Y CUALQUIER PERSONA

PUEDE ENSEÑARTE ALGO QUE TÚ DESCONOCES.

PIENSA EN ALGO QUE NORMALMENTE
HACES CON AYUDA DE ALGUIEN MÁS.

INTENTA RESOLVERLO POR
TU CUENTA ESTA VEZ.

RECIBIR AYUDA ES AGRADABLE,
PERO NOS HACE SENTIR INCAPACES POCO A POCO.
APRENDE A HACER DE TODO, PORQUE NO
SIEMPRE HABRÁ ALGUIEN AHÍ CERCA PARA SALVARNOS.
SI RECIBES AYUDA, QUE SEA POR UNA ATENCIÓN CONTIGO.

Atrévete a hacer algo que te da pena.

¿CÓMO TE FUE? ¿PASÓ LO QUE TANTO TEMÍAS?

IMAGINAMOS ESCENARIOS TERRIBLES DE

COSAS QUE NORMALMENTE NO SUCEDEN.

PERO DESGRACIADAMENTE, SOLO LO DESCUBRES,

CUANDO TE ANIMAS A HACERLO.

Compra un helado y
SAL A CAMINAR DURANTE EL ATARDECER.

SI SABES DISFRUTAR PEQUEÑAS COSAS,

SABES DISFRUTAR TU SOLEDAD.

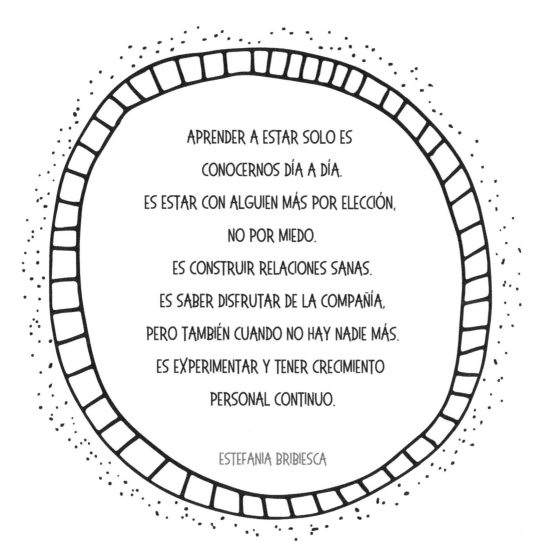

APRENDER A ESTAR SOLO ES

CONOCERNOS DÍA A DÍA.

ES ESTAR CON ALGUIEN MÁS POR ELECCIÓN,

NO POR MIEDO.

ES CONSTRUIR RELACIONES SANAS.

ES SABER DISFRUTAR DE LA COMPAÑÍA,

PERO TAMBIÉN CUANDO NO HAY NADIE MÁS.

ES EXPERIMENTAR Y TENER CRECIMIENTO

PERSONAL CONTINUO.

ESTEFANIA BRIBIESCA

PARA CONOCER MÁS ACERCA DE ESTE TEMA,
CONSULTA MI LIBRO "LOS SINÓNIMOS DE LA SOELDAD".

Made in the USA
Las Vegas, NV
21 December 2023